AF500548

DISSERTATION

SUR

L'ANTIQUITÉ DU CHATEAU DE DARNAY EN VOSGES;

SUIVIE

D'UN APPENDICE

SUR SON ÉTAT PRÉSENT,

PAR

C.-L. MANGIN, AVOCAT A DARNAY,

MEMBRE DE LA SOCIÉTÉ D'ÉMULATION DU DÉPARTEMENT DES VOSGES.

Memoriae Majorum.

A ÉPINAL,

Chez GERARD, Imprimeur de la Préfecture.

1828.

OBSERVATION.

En présentant cet essai à la Société d'Émulation du département des Vosges, le 25 octobre 1825, j'ai demandé grâce pour le style, mais j'ai franchement provoqué la critique sur le fond, dans l'intention d'en profiter. Ce n'est pas que j'eusse alors l'intention de le livrer à l'impression ; il me paraissait trop incomplet et d'un intérêt trop borné pour mériter cet honneur. Le desir de plusieurs de mes concitoyens, les suffrages particuliers de MM. de G...... et P......, etc., et sur-tout l'intention manifestée par la Société d'Émulation d'en faire tirer 200 exemplaires pour son compte, ont dû me décider. Je le livre donc à l'impression (sauf le retranchement de quelques superfluités) absolument tel qu'il avait été présenté.

Nota. *Les citations numérotées se trouveront au bas de chaque page ; les renvois trop longs seront reportés à la fin, sous des cotes alphabétiques.*

DISSERTATION

SUR

L'ANTIQUITÉ DU CHATEAU

DE DARNAY EN VOSGES.

Le peu d'intérêt qu'offrirait aujourd'hui la position militaire et géographique de Darnay en Vosges, le silence de l'Histoire ancienne, et peut-être l'inattention, compagne des habitudes de l'enfance, m'avaient laissé dans l'opinion que cette petite place n'avait jamais été d'une importance bien remarquable. Je la considérais simplement comme ayant pu être un de ces trop nombreux repaires dont l'anarchie couvrit la Lorraine durant le long conflit de souveraineté des Maisons de France et d'Allemagne, avant la reconnaissance de Gérard d'Alsace comme premier Duc héréditaire, en 1048. Je me défiais en outre des affections locales, à tel point que je me suis livré de préférence à l'exploration de quelques positions adjacentes, sur lesquelles j'ai fourni des notices à la Société d'Émulation. Je n'ai été ramené à mon sujet que par l'influence de ces recherches extérieures, lesquelles me firent bientôt reconnaître, empreints sur un fond celtique, les vestiges du passage et du séjour des Romains, dès leur invasion sous Jules César..... Êtres éphémères que nous sommes !... Les siècles nous apparaissent confondus dans un lointain brumeux, et pourtant, avec quelque contention, nous parvenons à distinguer les stries qu'ils ont successivement laissées sur le globe, comme la végétation laisse les siennes sur les chênes de nos forêts. Toutefois, mon travail ne peut plaire aux imaginations éprises des riantes perspectives de nos montagnes ; moins encore à ces amis du merveilleux, qui mesurent l'importance des lieux sur la hauteur des clochers, et voudraient, à chaque pas, découvrir de nouvelles Palmyres au milieu des déserts. Mon dessein, plus modeste, se borne à démontrer que les armées Gallo-Belges et Romaines ont dû manœuvrer au sud-ouest du département des Vosges, et spécialement sur le district de Darnay, lors de l'invasion de Jules César, et à faire ressortir ainsi les faibles linéamens de l'antiquité d'une petite ville, dont l'état moderne se trouve déjà exquissé par Durival (1).

Avant notre époque, ce sujet aride pouvait n'être pas bien compris ; mais enfin un temps arrive où rien n'étonne. Les événemens qui se sont passés sous nos yeux, en moins d'un quart de siècle, nous ont montré le jeu de toutes les passions humaines, dans la sphère des in-

(1) Description de la Lorraine. A Nancy, 1778, 4 volumes in-4.°.

trigues politiques et de la puissance militaire; et tel qui a été témoin de nos invasions en Europe, puis de la contre-invasion de notre territoire, peut concevoir sans effort les marches et les conquêtes de Jules César.

Ce guerrier, à la tête de cinq légions, se trouvait dans les environs de Langres, où il venait d'achever la défaite des Helvétiens (dont l'irruption avait alarmé les provinces alliées de Rome), lorsqu'il apprend qu'Arioviste, qui, de la Belgique où il était concentré, cherche à usurper, dans le nord de la Celtique, l'influence que les Romains exerçaient déjà dans le midi, arrive à la tête d'une armée formidable, et pénètre en Franche-Comté. César se détache aussitôt, et se porte, à marches forcées, sur Besançon, pour le déconcerter et observer les événemens. L'on conçoit dès-lors que ces deux guerriers, poussés en sens contraire par la soif de la domination, se mesurent de l'œil, et qu'ils agitent par leurs intrigues les provinces du centre, dont l'union se trouvait déjà relâchée par la rivalité des grands.

Arrêtons-nous un instant pour considérer la position géographique des deux partis; car c'est là principalement que gît la question. Arioviste dominait dans la Gaule Belgique : or cette province était séparée en grande partie de la Gaule

Celtique, où se trouvait César, par la Marne et la Seine : *à Belgis, Matrona et Sequana dividit* (2); du côté des Séquaniens et des Helvétiens, la Celtique touchait au Rhin, en tournant vers le nord : *attingit etiam à Sequanis et Helvetiis, flumen Rhenum, et vergit ad septentrionem.* La Séquanie, province orientale de la Gaule Celtique, enveloppait donc la chaîne des Vosges au midi, et comprenait, jusqu'au Rhin, une partie de la Haute-Alsace. Cette longue limite, qui s'étend depuis le Rhin jusqu'à l'embouchure de la Seine, n'est indéterminée que sur un espace de 6 à 8 myriamètres, entre la source de la Marne et celle de la Saône, où commencent les Vosges (Bourbonne, Lamarche et Darnay), espace resserré entre la cité des Leuciens (Toul) et celle de Langres, qui toutes deux, dans l'attente de l'événement, affectent la neutralité.

Disons le donc, c'est par cette ouverture, dépourvue de barrières, qu'Arioviste, après avoir remonté l'Aisne, va déboucher sur la Haute-Saône, *tertiam partem agri Sequani, qui esset optimus totius Galliæ.*

En général, dans les révolutions, les peuples suivent le premier étendard qui se déploie. Sous l'influence de César, Arioviste est réputé l'en-

(2) Cæsar de bello gallico.

nemi des Gaules ; sous celle d'Arioviste, au contraire, c'est contre César que les Gaules doivent s'armer. Alors nos pères croyaient défendre la patrie et combattre pour son indépendance sous les enseignes d'Arioviste, comme l'année suivante, sous celles de Galba, mais toujours contre César. Etait-ce bien, en effet, dans l'intérêt des Autunois ses alliés, que César allait tirer le glaive (1) ? Et dans ces hypocrites conférences qui d'ordinaire précèdent les combats, l'ambition du sénat ne se décèle-t-elle pas assez par cette apostrophe échappée à la fierté romaine : De quel droit les Gaules appartiendraient-elles plutôt à Arioviste qu'au peuple romain ? *Neque se judicare Galliam potiùs esse Ariovisti quàm populi romani.* De part et d'autre va donc éclater, pour la Gaule, une révolution que rendait peut-être attrayante pour les partisans de César, l'état prospère de la Narbonnaise, sagement gouvernée par les décrets du sénat. Mais, de notre côté, tout reçoit l'impulsion du parti d'Arioviste, où plutôt des Gaulois-Belges. Des points d'appui sont ménagés sur la frontière ; on se retranche, notamment sur la droite de la Saône, qui nous sépare de la Séquanie ; déjà

(1) Il est évident qu'il ne soutenait les Autunois, comme tous les peuples du côté droit de la Saône, rivaux constans des peuples du côté gauche, et par conséquent de la Séquanie, que pour envahir cette dernière province, et dominer ainsi les deux pays.

Arioviste a franchi cette limite, et s'élance dans les plaines de la Haute-Saône. César quitte aussitôt Besançon pour voler à la rencontre de son superbe adversaire ; mais, au moment de s'ébranler, l'armée se mutine, effrayée de la longueur des chemins, de l'épaisseur des forêts, de la disette des choses nécessaires à la vie. Le héros la rassure, lui fait honte de sa pusillanimité, lui promet les fromens de la Haute-Saône (il dissimule que déjà elle est occupée par Arioviste), des Leuciens et de Langres : *frumentum, Sequanos, Leucos, Lingones, subministrare, etc., etc.* Enfin, après plusieurs jours de marches et contre-marches, les armées s'entrechoquent : celle d'Arioviste est dispersée, et lui-même se voit obligé de passer le Rhin, en fugitif, à 50 milles (12 à 15 lieues communes) du champ de bataille : *ita prœlium restitutum est, atque hostes terga verterunt, neque priùs fugere destiterunt, quàm ad flumen Rhenum millia passum ex eo loco circiter quinquaginta pervenerunt, in his fuit Ariovistus qui naviculam deligatam, ad ripam nactus eâ profugit* (1). César mit ses troupes en quartier dans la Franche-Comté, plus tôt qu'à l'ordinaire, sous le commandement de Labiénus.

Cet événement, qui, suivant les Commen-

---

(1) La défaite paraît avoir eu lieu dans les environs de Montbelliard (Magetrobia).

taires du vainqueur, n'eut lieu qu'à la suite de manœuvres pénibles dans le nord de la Séquanie, ne laisse pas douter que les troupes romaines ou alliées, laissées dans les environs de Langres, ne se soient portées sur les derrières d'Arioviste pour couper ses communications avec la Belgique. César ne le dit pas, il est vrai, parce que César ne parle guère que des actions principales où il s'est trouvé en personne; mais il est impossible d'expliquer autrement le mouvement désespéré d'Arioviste vers le Rhin, où s'est donnée la bataille. Nous sommes dès-lors amenés à convenir que nos postes sur la Saône, au nord-ouest de la Séquanie, ont été pris à revers et culbutés par le corps venu des environs de Langres, etc.

L'année suivante, les Gaulois-Belges se concertent de nouveau pour résister à l'ambition romaine : Soissons et Beauvais sont les principaux foyers de la nouvelle ligue, qui réunit plus de 300,000 combattans sous la conduite de Galba, l'un des princes du pays. César, renforcé de deux légions venues d'Italie, et de beaucoup de cohortes auxiliaires, prend cette fois l'offensive, en suivant la ligne de la Marne, détache Divitiacus avec ses Autunois pour opérer une diversion dans le Beauvoisis, et se porte de sa personne sur l'Aisne, dans la direction de *Bibrax* (Laon), occupé par les Rémois, ses nouveaux alliés, etc. Après plusieurs combats, il arrive sur la Sambre, où il est attaqué par les peuples du Hainaut, sur lesquels il remporte enfin une victoire aussi décisive que long-temps disputée.

Remarquons attentivement,

1.° Que, dans les deux campagnes, les Gaulois-Belges sont réunis sur l'Aisne, en arrière des cités de Reims et de Metz, restées neutres;

2.° Que César occupe la Séquanie, au midi des Vosges (qui dépendaient de la Belgique), ayant en avant, sur les côtés, les cités de Langres et des Leuciens (Toul), qui paraissent également neutres;

3.° Que, dans la première campagne, partant de leurs positions respectives, Arioviste débouche du nord-ouest sur la Haute-Saône; comme dans la seconde, César se porte de la Haute-Saône sur l'Aisne, et en avant de Bibrax (Laon), pour attaquer Galba, en manœuvrant l'un et l'autre à droite de la Marne;

4.° Que si l'on tire une parallèle à la Marne, depuis l'Aisne, en avant de Laon, jusqu'au nord-ouest de la Haute-Saône, l'on aura une ligne d'opérations de 5 à 8 myriamètres de largeur, sur 40 de longueur, qui comprend inévitablement le district de Darnay, à son extrémité sud-ouest. N'est-ce pas là qu'étaient en effet ces forêts impénétrables, ce siége de la disette que redoutaient les soldats romains, en avant de la Franche-Comté, entre les cités de Langres et de Toul, dont César les flattait d'obtenir des vivres ?

Ajoutons que dans sa campagne contre Vercingétorix, qui est la septième, César, venant des frontières du nord, marche encore vers la Franche-Comté, par la frontière du pays de Langres, *in Sequanos per extremos Lingonum fines*; ainsi, toujours le même débouché, où il avait sans doute ménagé des points d'appui.

Ce n'étaient point encore ces grandes projections bientôt après conçues pour l'asservissement méthodique des Gaules; c'étaient de ces mouvemens purement militaires, brusques et décisifs, suscités par des obstacles inopinés, sur des points qui, dépourvus de toute importance politique, doivent bientôt être négligés. Quoi qu'il en soit, il doit paraître géographiquement démontré que les armées Gallo-Belges et romaines ont manœuvré sur le district de Darnay et sur les pays adjacens, entre les sources de la Meuse et de la Saône, ès années 57 et 58 avant notre ère, et que César en personne l'a traversé dans sa septième campagne.

Je vais maintenant passer à l'examen des *vestiges* qui doivent confirmer cette opinion. Je suis loin de penser qu'un pays doive tenir à honneur d'avoir été foulé par des armées victorieuses ou vaincues; et si j'en recherche les traces dans le nôtre, c'est moins pour en prendre acte que pour y rattacher des faits importans dans l'histoire monumentale de cette partie des Vosges.

J'ai avancé que les Gallo-Belges établirent une ligne de défense contre César, aux confins nord-ouest de la Séquanie, et spécialement sur la rive droite de la Saône, depuis sa source à Viomenil, jusqu'à l'embouchure de l'Apanse à Châtillon : les hauteurs du Void-d'Escles, Darnay, Monthureux et Châtillon-sur-Saône, distans d'un myriamètre l'un de l'autre, étaient les points notables de cette ligne. J'ai avancé, de plus, que ces postes furent pris à revers par les troupes de la division romaine stationnée dans les environs de Langres ; que ces troupes étaient accourues sur nous par Bourbonne et Lamarche, après l'entrée d'Arioviste en Franche-Comté, soit pour intercepter ses communications, soit pour coopérer avec le gros de l'armée de César, qui de Besançon se portait au nord de cette province pour acculer Arioviste aux Vosges ou au Rhin, comme cela est arrivé. La relation du vainqueur ne laisse guère de doute à cet égard : sa marche est encore empreinte sur le sol comtois ; le camp romain, noté par Cassini sur le mont de la Roche, près Moray, à 3 kilomètres sud-ouest de Châtillon, présente la coïncidence la plus frappante ; j'ajoute que les postes de Châtillon et de Darnay furent retenus par les vainqueurs, qui s'y établirent, notamment à Darnay, pour surveiller le pays.

Cette circonstance résulte déjà de la circonscription du diocèse de Besançon, dont l'établissement paraît remonter au 3.e siècle; ce diocèse, limité, comme la Séquanie elle-même, par le cours de la Saône, n'a pu comprendre Darnay et Châtillon, situés sur la rive droite de cette rivière, que parce que ces lieux se trouvaient encore occupés comme places frontières de la Séquanie. Cette opinion va trouver sa confirmation, du moins en ce qui concerne Darnay, dans les vestiges de ces temps anciens. Je ne me dissimule pas ici la difficulté de faire partager ma conviction. Il semble que, dans un tel lointain, notre vue soit incapable de saisir autre chose que des points culminans; et malheureusement notre district est dépourvu de ce grandiose desirable. D'un autre côté, le génie des arts a si prodigieusement grandi; celui de la guerre, sur-tout, s'est tellement perfectionné, que nous avons peine à concevoir l'importance qu'ont pu avoir certaines situations, dans des circonstances fortuites et à des époques reculées. Que dirait-on, par exemple, si, déguisant les noms, je donnais la description de la fameuse place d'Alise pour celle de Darnay? Cependant, sauf les proportions, les deux topographies semblent prises sur le même modèle. Cette idée peut exciter le sourire du dédain; soit.

L'homme du siècle n'a-t-il pas souri à la vue des champs de Morat (1)? Quoi qu'il en soit, ma tâche est de découvrir, de signaler les vestiges des temps anciens; ce sont des matériaux que d'autres plus habiles pourront dégrossir et employer utilement.

Darnay (2), dérivé, suivant quelques étymologistes, des mots celtiques *daren-haye*, entrée ou porte de la forêt, était un château à droite et à 1 myriamètre des sources de la Saône, à l'extrémité d'un promontoire limité à l'est et au sud par cette rivière, et à l'ouest par le ruisseau de Relanges. Ces deux cours d'eau séparaient la place des côteaux qui en bornent la vue aux mêmes aspects; mais, au nord-ouest, elle tient à une plaine qui s'élève insensiblement jusqu'au grand plateau de Relanges, distant de trois quarts-d'heure. Le château était séparé de ce continent, comme toutes les places gauloises, par une coupure qui, dans le système des fortifications postérieures, a été convertie en un fossé profond, qui servait sans doute en même temps à opérer

---

(1) Quatre lieues ouest de Berne, où Charles le Hardi fut défait en 1476. J'ai lu, et je crois dans les mémoires de madame de Staël, que lors de son passage en Suisse, Bonaparte, alors premier Consul, conduit sur ces lieux, les considéra en pitié.

(2) Trois degrés 4 minutes 30 secondes de longitude orientale. — 48 degrés 7 minutes de latitude nord.

la jonction des deux cours d'eau au point où il existe encore un aqueduc destiné aujourd'hui à évacuer les eaux des deux contre-pentes de la Grande-Rue (1). Il n'est pas douteux que les deux vallons, actuellement assez peu profonds, n'aient été, dans l'origine, des fondrières inaccessibles, telles qu'il en existe encore dans plusieurs cantons de la forêt. Deux chaussées, l'une qui traverse la Saône dans la direction du sud-est, l'autre qui traverse le ruisseau dans la direction de l'ouest, servaient à la fois de digues et de sorties; il existait une troisième digue au-dessous des deux précédentes, qui servait à compléter la submersion des approches de la place. Cette place, au reste, paraît n'avoir été dans l'origine que l'un des points fortifiés du plateau de Relanges; ce plateau, limité au levant par le ruisseau de Thuilières, était en outre défendu par le châtelet appelé depuis *Tours de Séchelle*, et par un autre châtelet, que j'ai désigné sous le nom de *Châtelet de Bonneval*. La notice que j'ai fournie sur ce dernier, en avril 1824 (2), et à laquelle on peut recourir, me dispensera

---

(1) Cet aqueduc se trouve au bas de l'église, à côté de l'ancien four banal.

(2) Analysée au journal de la Société d'Émulation, n.° 2 de 1825, page 86, et mentionnée d'une manière approbative au Bulletin Universel, section des Sciences historiques, Antiquités, etc., n.° de septembre 1826, art. 177.

d'entrer dans de nouveaux détails sur la nature de ces établissemens, qui, bien évidemment, sont d'origine gauloise. Le Châtelet de Bonneval a été abandonné à raison de son peu d'importance; cependant son caractère primitif encore bien prononcé est précieux à saisir. Celui de Séchelle a servi d'emplacement à la construction de deux tours, connues sous le nom de Tours de Séchelles, dont les ruines subsistent encore; et comme la forêt où elles se trouvent, acensée depuis à la commune de Saint-Baslemont, dépendait de la commanderie d'Eley, il est présumable qu'elles avaient été construites par les Templiers, pour la sûreté de leur domaine. Darnay, seul conservé, a successivement changé de forme sous les Romains et dans le moyen âge, comme je me propose de le démontrer.

« Tout nom de lieu, dit Court de Geblin » (des langues p. XIX), a une signification dé» terminée; lors donc qu'il ne présente aucun » sens dans la langue vulgaire, il faut le consi» dérer comme des restes d'une langue plus an» cienne, parlée par les fondateurs de ces lieux, » etc. »

Maintenant une particularité remarquable, c'est que *Darnay*, *Attigny*, *Relanges*, *Senonges*, *Eley*, *Lerrein*, *Escles* sont dans ce pays les seuls noms de communes dont on ne trouve point la racine dans la langue vulgaire ni dans la langue latine, tandis que les autres, jusqu'à une grande distance, ont une origine moderne; ce qui, dans le système de Geblin, serait la preuve que ceux que je viens d'indiquer existaient avant l'invasion des Romains, et qu'ils n'ont survécu que par une continuité d'occupation. J'ajouterai que le voisinage de ces lieux présente nombre de dénominations qui supposent l'existence de monumens druidiques : la *Pierre-Dulas* (des deux douleurs), entre Bonvillet et Bérupt; la *Pierre-Percée* (cromleck), entre Bérupt et Escles; la *Cuve-des-Fées* (pierre aux sacrifices), au finage du Void-d'Escles (1); la *Haute-Borne*, *Pierrefitte* (pulvan) sont des traditions non moins certaines que si elles étaient historiques.

Eh! que seraient donc ces trophées découverts sur le territoire d'Escles, par suite des fouilles essayées en 1821, et déposés au musée d'Épinal; ces corniches, ce globe, ces aigles, en pierre du pays, rustiquement taillés, s'ils ne sont les débris d'un monument triomphal élevé à la hâte par les Romains, suivant leur coutume (2), en mémoire de quelques succès importans obtenus sur les indigènes du parti d'Arioviste, culbutés, comme

---

(1) Sur laquelle j'ai fourni une notice en septembre 1820. Voir au surplus, pour connaître l'acception et la valeur de ces termes, *les recherches sur le culte des pierres*, par *Chambry*.

(2) Encyclop. méth., 2.e part., pages 44 — 53.

je l'ai dit, des hauteurs de Relanges, et rejetés sur l'oppidum d'Escles, où, suivant la tradition du pays, leur défaite aurait eu lieu ?

Tout porte donc à penser que c'est sur la ruine des établissemens gaulois que les Romains ont formé le petit nombre de ceux qui pouvaient leur être momentanément nécessaires (1). Ces vérités ne sont pas nouvelles ; mais il semble que chaque génération sorte de la nuit, tant les traditions tombent rapidement dans l'oubli.

Ces fameux Romains, observe-t-on, pouvaient-ils donc se multiplier au point de s'arrêter à de si misérables localités ? Tel est le langage de la prévention. Cependant, à peine l'attention fut-elle appelée par le Gouvernement sur la recherche des monumens antiques, que, de toutes parts, les débris se sont présentés aux investigations ; en quelques mois, l'on a reconnu sur notre sol l'empreinte de voies romaines, qui se croisent en tous sens. Le tableau a pu être chargé ; mais la grande voie militaire et commerciale de Corre à Charmes, qui fait le sujet de ma notice de février 1821 (2) ; celle de Lamarche à Mat-

---

(1) Je ne parle pas des établissemens civils formés bien postérieurement, tels que les thermes naturels ou artificiels de Bains, Bleurville, Lamerey, etc.

(2) Découverte si incontestable, que des plagiaires s'en sont emparés en la défigurant, et l'on fait insérer au Constitutionnel du 21 octobre suivant.

taincourt (ou peut-être au moulin de Solenval), notée, par Cassini, au-dessus de Provenchère, canton de Darnay; celle de Bourbonne à Darnay, par Monthureux-sur-Saône, indiquée par l'abbé Bergier; celle d'Escles à Relanges, par le bois de Dombasle, où l'on a découvert les débris d'un vaste tombeau romain, vulgairement appelé le tombeau du Grand Pacha; celle d'Escles à Bains, passant au-dessus du Void-d'Escles, où il paraît qu'il existait *un fanum*, et où l'on a découvert, en défrichant, une si énorme quantité de pierres sépulcrales (employées en 1793 à combler les chemins du voisinage), qu'elles ont fait donner à ce canton le nom de canton des Saints (1); toutes celles, enfin, à côté desquelles ont été découverts des tombeaux romains (2), sont indubitablement romaines.

Cessons donc de douter; et puisque les dernières recherches paraissent avoir épuisé une matière périssable, comme toutes choses, transmettons, du moins dans cet écrit, que les Romains ont occupé ce district.

---

(1) Singuliers saints! J'ai trouvé un Teutatès en haut relief, de dimension cubitale, que j'ai envoyé à Épinal. J'avais aussi détourné une Diane en bas relief, que je n'ai plus retrouvée. D'autres avaient remarqué un Priape trop énergique, qui a été brisé de suite.

(2) Celle de la Houderie, entre autres, où j'ai trouvé un tombeau dont j'ai fait note le 30 novembre 1820.

J'arrive à l'examen des vestiges qui confirment mon opinion sur l'antiquité de Darnay. Son château conserve encore, à côté du passage dit *de la Brêche*, à l'aspect du midi, un pan de mur de 5 mètres d'épaisseur, en maçonnerie liée à coulis de chaux, revêtue de carreaudages ; ce mur, bien que fracturé dans sa partie inférieure par l'effet de la mine, est néanmoins resté tellement compacte que, de mémoire d'homme, le temps ni l'effort d'aucun instrument n'ont pu en détacher une seule pierre (1). Ce pan est percé obliquement du haut en bas, par un escalier qui servait de sortie dérobée ; les marches qui subsistent encore sont parfaitement assorties et protégées, à hauteur d'homme, par des traverses correctement ajustées, et terminées par un plein-cintre. Il existe en outre, à l'aspect du sud-ouest, une poterne également en plein-cintre, dont le massif est de même revêtu de carreaux sillonnés de rugosités produites par l'action lente de l'air et du temps. Ces pleins-cintres, ces formes carrées, la précision, la solidité des liaisons, semblent appartenir au siècle de la république, et contrastent singulièrement avec l'air de décrépitude de ces

---

(1) Les anciens terriers désignent les héritages inférieurs, *sous le Boulevard*. Il paraît qu'en effet ce mur était une sorte de bastion destiné à couvrir la partie faible du château.

constructions à ogives, ajoutées bien postérieurement au-dessous des précédentes, pour augmenter ou fortifier le château. Dans les temps modernes, lorsque la ville lui fut réunie, le tout fut enceint d'une muraille flanquée de tours rondes, dont quelques-unes subsistent encore en partie, et qui lui firent donner le nom vulgaire de *Darnay aux trente Tours*. Je m'arrête ici pour faire remarquer que ces trois ordres d'architecture ne laissent guère douter que l'établissement primitif ne remonte à une haute antiquité. Dans l'ordre des temps, comme dans celui des constructions, l'architecture moderne de l'enceinte a été précédée de l'architecture gothique de la porte d'entrée et du bastion qui subsiste encore à l'est, et celle-ci par le bâtiment du centre, dont les formes correctes et l'inaltérable solidité appartiennent évidemment aux Romains ; mais de quelle époque date cette construction ?

« Les châteaux, *castella*, dit Bergier de
» Reims, dont l'autorité est d'un grand poids (1),
» les *castella*, diminutif de *castra* (camp),
» étaient beaucoup mieux bâtis et fortifiés ; ils
» étaient assis en lieux de difficile accès, et
» bâtis de pierres carrées, avec *boulevard* pour
» s'abriter et loger les soldats en tous temps ; l'on

---

(1) Hist. des chemins de l'emp. rom., l. 4, ch. 6.

» n'y plaçait que partie de légion, et sur-tout de » la cavalerie pour surveiller le pays, etc. »

Telles ont été la nature et probablement la destination du château de Darnay. Mais cette position ne dut être utile que dans les premières années de la conquête. La Gaule Belgique était devenue ennemie, depuis l'occupation de la Celtique, et notamment de la Séquanie, par César. J'ai fait voir que c'est par une partie du district de Darnay, c'est-à-dire par l'intervalle qui séparait les deux provinces, que les armées avaient respectivement débouché l'une sur l'autre; de-là la nécessité d'y occuper des points qui pussent protéger les communications de l'armée d'opération avec la Séquanie. Il est donc probable que dès sa première campagne, et avant de se porter sur l'Aisne contre Galba, César aura établi sur ses derrières le *castellum* de Darnay; il en eut tout le temps, puisqu'après la défaite d'Arioviste, il mit ses troupes en quartier dans la Franche-Comté, sous le commandement de Labiénus, plus tôt qu'à l'ordinaire : *maturiùs paulo quàm tempus anni postulabat.* L'on voit encore que revenant de la Basse-Germanie, durant la septième campagne, il rentra dans la Séquanie par la même route; enfin, après la prise d'Alise, il y mit encore Labiénus en quartier, avec deux légions et toute la cavalerie : *Labienum, cum duabus legionibus et equitatu, in Sequanos proficisci jubet.* Cette attention soutenue à occuper la Séquanie, démontre à la fois, et l'importance qu'il y mettait, et les craintes fondées que lui inspiraient les provinces limitrophes. Jamais les Romains n'y entretinrent plus de forces militaires, et l'on sait que plus tard ils ne conservèrent que quatre légions dans toutes les Gaules, pour y maintenir la police.

Veut-on, enfin, un témoignage lapidaire de l'occupation du district de Darnay par les troupes de César ? On le trouve dans cette inscription d'un très-beau caractère, récemment découverte entre Monthureux-sur-Saône et Bleurville, et déposée au musée d'Épinal.

Longueur 2 mètres 45 centimètres, ou 7 pieds 1/2.

SEX· IVN· SENOVIRI·
DVBNOTALI· F·
IVL· LITVMARA· LITAVICI· F·
MATER·FACIDVM
CVRAVIT

Nota. La proportion est ici d'un quart de pouce par pied.

Plusieurs savans, entre autres MM. les conservateurs des manuscrits de la bibliothèque royale, de Golbéry, correspondant de l'Académie des Inscriptions et Belles-Lettres, et Marc, correspondant de la Société des Antiquaires de France, en ont fourni chacun une interprétation, avec des variantes qui sortent de mon sujet.

Les Commentaires nous apprennent que la famille Litavicus, très-importante chez les Autunois, entra dans le parti de Vercingétorix contre César; que les Litavicus tombèrent en son pouvoir, et qu'après cette campagne, qui est la septième, les prisonniers furent distribués aux soldats, *à l'exception des Autunois*, anciens alliés de Rome, que César voulait ménager et ramener à lui. La famille Litavicus et les autres captifs Autunois durent donc rester, au moins encore quelque temps, à la suite et dans les cantonnemens de l'armée romaine en Séquanie, dont Monthureux, district de Darnay, faisait alors partie. Ce fut là que mourut Dubnotal, petit-fils d'un Litavicus, auquel sa mère, Julie Litumare, fit élever un monument, dont notre pierre formait le fronton. Ainsi, nous sommes de plus en plus fondés à soutenir que le castellum de Darnay date de la conquête de Jules-César, environ 50 ans avant notre ère.

Plus tard, lorsque les grands établissemens de l'empire furent formés à Lyon, à Langres, à Metz, à Trèves, à Cologne, etc., les positions de campagne furent abandonnées, ou tout au plus occupées par quelques vétérans; mais cet établissement de circonstance n'en fut pas moins très-utile; les habitations se groupèrent sous sa protection. Les fondations d'édifices, les débris de meules, les tuiles, les poteries antiques découvertes au nord-ouest de la ville, et dont j'ai fourni la notice en 1823; l'inépuisable fécondité de certains héritages dans cette section, ne permettent guère de douter que ce plateau assez étendu, et légèrement abrité du nord, qui se trouve compris jusqu'aux *Pendans*, entre les deux chemins de Relanges, n'ait été l'emplacement d'une ville détruite dans le moyen âge; ce qui confirme le sentiment du savant *Perreciot*, que, sous la domination romaine, Darnay était au nombre des lieux importans de la Séquanie (1).

L'irruption des Barbares d'outre-Rhin, en renversant la domination romaine dans les Gaules, y détruisit aussi leurs monumens et leur agriculture; les établissemens religieux ne furent point épargnés. Les Huns, notamment, firent en 888 une irruption dans la Lorraine, qu'ils ravagèrent d'une manière atroce. L'historien Richer

(1) Quoique Darnay n'ait plus que des puits, il est probable qu'il y avait autrefois des fontaines, dont les sources suintent encore aux *Pendans* et dans le Grand-Pré. La fontaine qui abreuve la maison construite par M. Hamart aîné, sur le chemin d'Attigny, coulait, dit-on, au bas de l'ancienne église, ainsi que le témoignaient des tuyaux rencontrés dans cette direction. Lorsque le bassin en fut découvert et nettoyé, l'on y trouva aussi nombre de médailles romaines et un Philippe grec en argent.

rapporte qu'ils massacrèrent Gibard, abbé de Luxeuil, et ses religieux retirés à Martinvelle. Tout porte à croire que les environs et Darnay, qui n'en est distant que d'un myriamètre, furent également saccagés. Les pestes et les famines de 1315, 1361, 1499 et l'irruption des Suédois en 1633, qui réduisirent la population à moins d'un tiers, et à tel point qu'au rapport des chroniques du temps tout était devenu forêt, doivent faire cesser notre étonnement. Oui, sans doute, ce pays fut peuplé et florissant sous la domination romaine. De Darnay à Monthureux-sur-Saône, le sol était couvert de villa, les cras (1) d'Attigny, Nonville et Bleurville; les terres du Vilémont et de la Grange-Jacob, environnées de débris, semblent encore grosses de ruines. L'opulence romaine avait créé des bains artificiels à Bleurville, devenu depuis l'entrepôt du commerce de Lyon avec les Trois-Évêchés (Metz, Toul et Verdun), et, pour les princes de Darnay, une campagne agréable (2).

Au reste, il serait aussi difficile que fastidieux de pénétrer davantage dans l'obscurité du moyen âge. Après avoir suffisamment constaté l'impor-

---

(1) Noms de quelques coteaux, sans doute alors couverts de vignobles.

(2) Notice de Calmet, supplément, page 90.

Fouilles de M. Jollois, en 1820, mentionnées dans l'annuaire des Vosges de 1822, page 51.

tance de Darnay dans l'antiquité, je dois me borner à reconnaître son état depuis 1048.

Ici l'infatigable Calmet va nous ouvrir les archives des monastères, et nous reconnaîtrons, par une série de citations très-succintes des principaux événemens, que le château de Darnay fut un apanage ducal assez important, tant à raison de son assiette qu'à raison de ses dépendances. En effet, la vaste forêt qui porte son son nom, les villages qui formèrent depuis son ancienne prévôté, et dont les territoires étaient affectés de redevances domaniales, annoncent assez que la propriété était également domaniale dans l'origine; et comme il n'est point de succession sans héritiers, que les souverains ainsi que les particuliers sont jaloux de recueillir les biens héréditaires, il faut en conclure que d'un gouvernement à l'autre, des Gaulois aux Romains, des Romains aux Barbares, et de ceux-ci à nos Ducs légitimes, Darnay, sa forêt et les terres de sa prévôté eurent, de toute antiquité, une existence politique dont les traces n'ont été entièrement effacées que par l'aliénation des cens, en vertu de la loi du 14 ventôse an 7 (5 mars 1799).

1.° En 1049, *Ricuin de Darnay* et *Lancède* sa femme, fondent à Relanges (à demi-lieue nord-ouest), un monastère de six religieux de l'ordre de Cluny, chargés de distribuer, trois fois la semaine, des secours aux indigens et aux voyageurs. (*Hist. de Lorraine par Dom Calmet, abbé de Senones. Liv.* 19, *p.* 1060.)

Dans le cours du siècle suivant, *Albert de Darnay*, *Alvide* sa femme, et *Liétard* leur fils, fondent le prieuré de Droiteval, de l'ordre de Citeaux, à une lieue ouest. Ainsi, non-seulement Darnay existait encore alors, mais il fallait qu'il eût des seigneurs assez opulens pour fonder des monastères tels que Relanges et Droiteval, qui ont subsisté jusqu'à la révolution (1790).

2.° En 1202, le Duc Ferry, prisonnier du Comte de Bar, fait sa paix, et fournit pour garans, entre autres grands de ses états, *Albert de Darnay*. (*T.* 2., *l.* 22, *p.* 134.)

3.° En 1233, traité de paix entre le Duc Mathieu et le Comte de Bar, dans lequel le Seigneur de Darnay figure comme partie contractante. (*L.* 23, *p.* 231.)

4.° En 1311, le Duc Thiébaut II marie à Guy de Flandre la Princesse Marguerite sa fille, et lui assigne en dot plusieurs places, au nombre desquelles se trouve Darnay, à charge de les tenir en fiefs. (*L.* 25, *p.* 437.)

5.° En la même année, Louis de Navarre, Comte de Champagne, ayant prié le Roi, Philippe le Bel, de l'aider à tirer raison du Duc de Lorraine (Thiébaut II) pour *certaine injure*, « Philippe donna ses ordres à Messires de

» Joinville, Liborgne, Simon de Monost et
» Hugues de Vienne, *de faire cette revanche*
» *par armes ;* ils firent donc un mandement
» de gendarmes, au pays par-devers *Passavant ;*
» messire Hugues de Vienne y fut mandé, et
» *la chevauchée vint en armes devant le*
» *château de Darnay*, *etc.* »

Le château était donc Ducal. Le Duc y mettait donc de l'importance, puisqu'un Roi de France croit venger une injure, en ordonnant de s'y présenter en armes.

6.° En 1308, le même Duc Thiébaut fonde et dote richement un chapitre de neuf chanoines séculiers, en *la chapelle de notre château de Darnay :* ce sont les termes du titre d'érection ; ils sont positifs, et acheveraient de lever tout doute, s'il en restait encore sur la qualité et l'importance de ce château, puisque le Duc y crée neuf prébendes, *se réservant à lui et à ses successeurs la collation des bénéfices ;* collation qui, en vertu de ce titre, appartenait au Roi, depuis la réunion de la Lorraine à la France par le traité de 1735. (*L.* 25, *p.* 439. — *Preuves* dbviij.)

7.° En 1316, le Duc Ferry donne à son fils Mathieu, *Darnay* et ses dépendances, à charge d'hommage. (*L.* 25, *p.* 443.)

8.° En 1444, Charles VII, Roi de France, accompagné du Roi René I.er, Duc de Lorraine, s'avança vers Langres dans la vue de s'emparer des Trois-Êvêchés; son avant-garde vint devant le *château de Darnay*, tenu par le Bâtard Duvergy, qui, de cette place, faisait beaucoup de maux en Champagne, etc. (*L.* 28, *p.* 832. — *Notice p.* 305. — *Preuves* ccl.)

Ce point d'histoire, confusément rendu par les chroniques du temps qui parlent d'occupation de Darnay par les Ecorcheurs, a besoin d'être éclairci. A cette époque si calamiteuse, les soldats du parti de Charles VII, appelé des *Armagnacs*, commettaient de tels désordres (1), qu'ils furent surnommés *les Écorcheurs* (2), et ceux du Duc de Bourgogne, non moins indisciplinés, étaient appelés les *Retondeurs*.

Ces dénominations ne doivent point donner le change, et faire croire que Darnay fut un de ces repaires de brigands formés en temps d'anarchie.

La vérité est que le Roi-Duc René, soutenu par Charles VII dans sa prétention au Duché de Lorraine, fut fait prisonnier à la bataille de Bulgnéville, en 1431, par les troupes de Philippe

---

(1) Inutilement réprimés par l'ordonnance de 1439.

(2) Le Roi disait au capitaine de Chabanne : « vous » savez que les Anglois et les Bourguignons vous appel- » lent, Blanchefort et vous, *capitaines d'Ecorcheurs.* » Sire, repartit Chabanne, quand j'écorche vos ennemis, leurs peaux vous profitent plus qu'à moi.

le Bon, Duc de Bourgogne, qui soutenait la prétention contraire d'Antoine, Comte de Vaudémont. En gage et pour sûreté de rançon, René, entre autres places, donna le *château de Darnay*, qui fut occupé par le Bâtard Duvergy, au nom du Duc de Bourgogne; mais, depuis, le Duc René, abusant de son crédit près du Roi Charles VII, détermina ce Prince à venir reprendre la place pour l'affranchir de rançon. Personne n'a mieux éclairci cette intrigue militaire et politique que M. de Barante, dans son histoire des Ducs de Bourgogne (1).

« Durant le siége de Metz, dit-il, Charles VII » se tenait à Nancy, où l'on commença à s'oc- » cuper secrètement des motifs d'une nouvelle » guerre avec le Duc de Bourgogne; de là, la » cour se rendit à Châlons-sur-Marne, où cette » affaire fut traitée sérieusement dans les con- seils. »

Les griefs du Duc de Bourgogne étaient nombreux : lorsque le Roi (Charles VII) et le Dauphin (depuis Louis XI) avaient amené les compagnies en Lorraine, *ils s'étaient emparés de la forteresse de Darnay*, une de celles que le Roi René avait données pour sûreté de sa rançon. Depuis ce moment, sa garnison (2)

(1) Tome 7, pages 81 — 228, etc.

(2) C'est-à-dire, *les Écorcheurs* ou Armagnacs du parti du Roi.

faisait des courses en Bourgogne, et avait même enlevé des habitans, etc.

9.° En 1463, le Duc René II souscrivit à Nancy, avec le Duc de Bourgogne, Charles le Hardi, un traité d'alliance, pour sûreté duquel il remit à ce dernier les places d'Épinal, Darnay et Preny (1).

Darnay, pour le Duc de Bourgogne, était donc à l'égal des meilleures places du Duché.

Ces deux derniers faits historiques démontrent assez quelle importance les Ducs de Bourgogne, comme les Romains maîtres de la Séquanie (Franche-Comté), mettaient encore au château de Darnay.

10.° Enfin, en 1639, Darnay, repris sur le Duc Charles IV, fut rasé par le colonel Gassion, de l'ordre du Roi de France.

Cette série d'actes souverains et de transactions politiques n'exige aucun commentaire. Ici cesse, avec l'existence militaire de *Darnay*, la tâche que je m'étais imposée. Je sens bien, au reste, que les changemens survenus depuis nécessitent des additions à la statistique de Durival. J'en ferai le sujet d'un appendice.

---

(2) Calmet, tome 4. — Preuves I. a.

Preny était le cri de guerre des Lorrains.

FIN DE LA DISSERTATION.

NOTES.

J'ai indiqué, page 14, les villages voisins de Darnay dont les noms dénotent l'antiquité : Attigny, Relanges et Eley ont seuls conservé leurs vieilles églises. Celle d'Attigny est du style sarrasin; l'énorme pinacle de son clocher est abattu depuis nombre d'années. Celles de Relanges et d'Eley sont d'ordre toscan dégénéré. La briéveté de cette notice ne me permet pas de les décrire; j'observerai seulement que l'église de Relanges était celle de l'ancien prieuré. Le cloître, qui lui était accolé au midi, a été détruit par l'effet d'un incendie dont on remarque encore les traces sur les murs du clocher. Ses caves existaient encore en 1780. La seule inscription qui se trouve à l'église est celle de la tombe de Dom Fouchier, à l'entrée du chœur, précisément sous le clocher; il paraît que ce prieur, mort en 1577, avait rétabli le cloître.

L'on rencontre à droite du chemin qui conduit de Relanges à Bonneval, au moment de descendre à ce moulin (1), l'histoire de la passion taillée en haut relief dans le roc; ce morceau est assez remarquable par le nombre et l'attitude des personnages, tous de stature cubitale; malgré son air d'antiquité, il est l'ouvrage très-moderne et bénévole de Dominique Plancalaine, simple tailleur de pierres à Relanges, dont les fils sont encore existans.

L'église d'Eley est construite sur une crypte, ou petite église souterraine, du plus ancien gothique; le dessin seul peut en donner une idée. Les voussures et naissances de fenêtres qui se remarquent encore au comble de l'église principale, annoncent qu'il en existait une troisième au-dessus de celle-ci. A côté se trouvent

(1) Autrefois prieuré, dont les ruines existent encore.

les bâtimens d'une commanderie de l'ordre de Malte, lequel, dit-on, fut mis en possession de ce domaine après la destruction de celui des Templiers, arrivée en 1310, sous le règne du duc Thiébaut II.

Puisque j'ai indiqué ce qui nous reste d'anciens édifices, me sera-t-il permis de dire un mot des préjugés de ces vieux temps? C'est une chose également digne de remarque, que ces traditions populaires, ces racontages qui se perpétuent dans certaines localités dont les monumens et la population remontent à des temps reculés.

Attigny. — Avant que les coteaux du nord-ouest n'aient été dégarnis de bois, le vallon dans lequel serpente la Saône, de Darnay à Attigny, présentait un aspect mystérieux. Les gaz inflammables (1) qui, durant les nuits de la canicule, effleurent légèrement les rives aquatiques, passaient, en ces temps d'ignorance et de crédulité, pour des esprits errans. La Goutte du Pâtey (ou Pâtis) était l'entrée formidable de cet élysée nocturne. L'on avait vu jadis y descendre un effroyable dragon, le front étincelant d'escarboucles; et lors même que ces ombres fantastiques eurent disparu avec celles des forêts, bien long-temps même après, la Goutte du Pâtey était encore un sujet de défi, un voyage aventureux pour les veilleurs crédules du voisinage, etc.

Senonges. — La forêt qui sépare Senonges de Relanges était un théâtre, bien autrement renommé, de sortiléges et de fantasmagorie. Il y a moins de 50 ans qu'une foule de bonnes gens disaient avoir entendu retentir cette forêt du cor et des cris de certains chasseurs trépassés : l'on allait encore ouïr le sabat d'une légion de sorciers qui, à certains jours, vers minuit, défilaient dans les airs, depuis

(1) Feux follets.

Senonges (1) jusqu'à l'étroit vallon qu'arrose le ruisseau de Thuilières, entre deux coteaux ombragés d'épaisses forêts ; gorge marécageuse et inaccessible, digne alors, en effet, d'être le rendez-vous des esprits infernaux. Là, sur la crête d'un promontoire qui domine le confluent du ruisseau des Granges et de celui de Thuilières, l'on voit encore les ruines antiques des tours de Séchelle, habitées jadis par une fée non moins redoutée que Mélusine, à laquelle, en des temps postérieurs, succéda une simple Pythonisse, qui, plus tard encore, se réfugia dans l'ermitage désert et pittoresque de Chèvre-Roche, que l'on découvre à 2,000 mètres plus haut, dans la même colline. Sa jolie chapelle, d'architecture sarrasine, flanquée d'une tourelle, était élevée sur un roc isolé, auquel on ne pouvait arriver qu'à l'aide d'un pont volant, monument singulier, d'un fondateur inconnu, dont il ne nous reste plus qu'un dessin crayonné sous la faux du temps, qui achevait de le détruire en 1825 (2).

Cette gorge inaccessible, assainie depuis et convertie en une fertile prairie, de la création de M. Bresson (3), est maintenant un vallon tout à fait romantique, qui porte déjà, et doit sans doute perpétuer, le vieux nom de Séchelle, dont l'origine se perd dans la nuit des temps.

Tous ces contes de fées, aujourd'hui si ridicules, eurent pourtant, à certaines époques, l'effet terrible de la réalité. Au temps des Gaulois, nos ancêtres, les Druidesses tiraient des augures ; telle est, chez nous, l'origine histo-

---

(1) L'ancien village touchait à la forêt, lieu dit au canton de la Vieille-Eglise.

(2) Par M. Stanislas Bresson, maire de Remiremont, dont les cartons renferment les vues les plus intéressantes de ce pays.

(3) Père du précédent, et fils aîné de celui qui figure dans l'appendice.

rique de la divination et des sortiléges (1). Différens synodes anathématisèrent ceux qui prétendaient voyager dans les airs; un concile de Ruen réitéra cette défense; une ancienne loi ecclésiastique de Norwège défend à chacun d'avoir dans sa maison de ces bâtons *sur lesquels on voyageait dans les airs.* Depuis, les sorciers se rendirent encore au sabat, à cheval, par le milieu des airs, etc. Combien de procédures pour cause d'ensorcellement !... A ne parler que de notre province, il est reconnu que, sur la fin du 16.e siècle, et en moins de quinze ans, il y eut plus de 900 hommes mis à mort pour crime de sorcellerie; un plus grand nombre s'y était soustrait par la fuite, et cette boucherie eut ses apologistes (Bexon, page 265)! Ce ne fut que depuis l'édit d'avril 1672, que les simples accusations de sorcellerie cessèrent d'être admises en France.

Ce temps n'est pas encore loin, hélas! Le retour de la même ignorance pourrait ramener la même démence et les mêmes atrocités!..

---

(1) Edda, par Mallet.

FIN DES NOTES.

APPENDICE

TOUCHANT DARNAY, DEPUIS 1635.

TOPOGRAPHIE. — Armoiries : trois glands, tigés et feuillés d'or, sur champ d'azur.

Le château avait été rasé et la ville démantelée, mais les deux portes qui la fermaient subsistaient encore, et ne furent démolies qu'en 1761, ensuite d'une délibération municipale du 21 février. L'une, dite la Porte-d'en-Haut, existait au nord-ouest de la Grande-Rue, où venaient aboutir les chemins d'Attigny, Bleurville, Relanges et, plus tard, celui de Bonvillet, dit la Creuse-Voie, à laquelle on a substitué, en 1767, l'allée transversale qui joint la route à la rue Stanislas; l'autre porte, dite la Porte-d'en-Bas, existait sur le canal actuel du grand moulin, où venait aboutir, par la digue du grand étang, le chemin qui descend du faubourg d'Hennezel, et qui, dans l'antiquité, portait sur la voie romaine de Corre à Charmes. Cependant l'on a laissé subsister la contre-porte, au-dessous des halles, comme arc-boutant du sol supérieur. Tout porte à croire qu'il existait en outre une sortie particulière, qui de la poterne du jardin ou de l'escalier de la brêche, conduisait vers Attigny, par la digue du petit étang. Quoi qu'il en soit, l'étendue de la ville, réduite au plateau du promontoire sur lequel elle est construite, présentait une sorte d'ellipse irrégulière, dont la largeur moyenne était de 75 mètres, et le grand axe d'environ 400 mètres, depuis la Porte-d'en-Bas, sur le canal du moulin, au midi, jusques et compris la maison de M. Louis Bresson, construite au nord, en face de la Grande-Rue. Les fossés, aujourd'hui convertis en jardins tenant aux maisons, ont été acensés par arrêt du 20 juin 1716, et définitivement aliénés par le domaine, en vertu de la loi du 5 mars 1799 (14 ventôse an 7).

Le territoire de Darnay ne s'étendait guère au-delà des cours d'eau qui fortifiaient son enceinte au midi, et ne dépassait point ce plan au nord, sur lequel on a vu qu'il existait une ville assez importante sous la domination romaine. Sa consistance se trouve établie au remembrement dressé le 21 juin 1711, y compris le faubourg au-delà des ponts, qui fut distrait des territoires d'Attigny et Bonvillet, en 1551. En 1790, des rectifications de finages lui firent également réunir quelques appendices qui portent la consistance actuelle de son territoire à 324 hectares, de toute nature, sauf la vérification qui résultera du plan cadastral, dont on s'occupe dans ce moment, et qui me mettra peut-être en situation d'esquisser un plan de la ville telle qu'elle était avant d'être démantelée. L'état et la direction des chemins qui traversent son territoire, constatés par une reconnaissance du 29 novembre 1751 (connue sous le nom de féauté), ont été revus et classés de nouveau, par procès-verbal du 1.er prairial an 6, approuvé par l'administration départementale le 5 nivôse an 7 (20 mai 1798 et 26 décembre suivant). Quant aux édifices et établissemens publics, il en sera fait note dans l'ordre de leurs créations. Au reste, il ne faut pas s'imaginer que la ville était alors ce qu'elle est aujourd'hui : l'incendie général arrivé au commencement du 17.e siècle (1), les ravages des Suédois, en 1633, la contagion qui désola bientôt le pays, et la démolition du château, en 1639, furent des causes successives de destruction, qui ne laissent guère douter que les édifices et la population n'aient été presque anéantis. En effet, durant le reste de ce siècle, trop signalé par le funeste règne du Duc Charles IV, l'on ne découvre aucun vestige d'administration. Le registre des

---

(1) La preuve de cette catastrophe, qui enveloppa les archives, résulte d'une requête présentée au Chevalier de Lorraine, Comte de Darnay, et décrétée par ce Prince, en 1626, dont l'objet était de faire reconnaître le droit des habitans à certaine quotité d'affouages.

actes civils dressés de 1666 à 1709, ne présente, durant ce laps de 43 ans, que 163 naissances, ce qui ne fait pas quatre par an; et à l'année 1684, il est écrit : *nullus in hoc anno fuit baptisatus*. Ainsi, en adoptant le calcul suivant lequel la population serait communément égale à 34 fois le nombre de naissances (1), celle de Darnay se serait trouvée réduite, au commencement du 17.e siècle, à 136 individus. Une reconnaissance des maisons de la ville, dressée en 1686, en porte le nombre à 62, dont 47 ruinées; ainsi il n'en restait que 15 habitables.

L'avènement du Duc Léopold (1698) parut être à la fois le terme et le remède à tant de misères. Jamais l'on ne dut sentir plus vivement qu'un gouvernement paternel est, pour les peuples, le plus grand des bienfaits; ainsi l'aurore d'un beau jour sourit au malheur, et suscite la végétation sur des ruines encore fumantes !...

HOPITAL.

En 1732, M. C.-A. Le Comte, alors prévôt chef de police, et M.e Th. Doridan, son épouse, firent donation d'une maison au faubourg (2),

(1) Essai sur les mœurs, par Voltaire, tome 6, page 103.

(2) Celle qui fait l'angle de la rue qui conduit au calvaire. Le calvaire est un monument pris et sculpté par Gerdol, en 1758, non loin de la forêt, dans un

pour l'établissement d'un hôpital. Cette origine fut faible, mais honneur à ceux qui prennent l'initiative de la bienfaisance! Sa chapelle, aujourd'hui connue sous l'invocation de la *Vierge de Pitié* et réputée miraculeuse, subsiste toujours; elle ne dépend plus de l'établissement principal, qui, en 1755, a été transféré et construit à neuf, avec oratoire, sur un emplacement donné par M. l'official Petit, au côté droit de l'allée qui conduisait au couvent des Récollets. Tracée sous le règne de *Stanislas*, la nouvelle rue a reçu le nom de cet excellent Prince, par arrêt du conseil du 15 mai 1756.

Cet établissement, précédemment converti en *maison de charité et d'école*, par arrêt du conseil du 26 janvier 1823, est tenu par trois sœurs de l'ordre de Saint-Charles, de Nancy, et administré par une commission formée au desir de la loi du 31 octobre 1821. Ses capitaux ont été anéantis par suite des remboursemens faits durant le cours forcé du papier-monnaie; des exemples récens de libéralité font espérer que son revenu actuel, qui n'excède pas

---

banc de roc détaché de la propriété de M. le chanoine Le Paige, et à ses frais, à ce qu'il paraît; il était devenu un but de promenade; mais les accessoires, qui en faisaient l'agrément, ont été abusivement détruits depuis la révolution.

2,000 fr., recevra de nouveaux accroissemens. Au reste, il n'entre pas dans mon projet de fournir une statistique détaillée qui résulte des inventaires de titres et réglemens, que l'on trouvera au registre de cet établissement, sous les dates de septembre et de novembre 1825.

Couvent des Récollets.

En 1735, fut construit, au nord de la ville, sur un emplacement concédé par le bon duc Léopold, un monastère de Récollets, de l'ordre de Saint-François (1). Son cloître, composé d'une très-belle église et de trois corps de bâtimens, vendus en 1791, par suite de la suppression des ordres monastiques, a été démoli, à l'exception de l'arrière-corps donnant sur le jardin, conservé par l'acquéreur pour son habitation.

Police et Justice.

Par édit de Stanislas, de juin 1751, la prévôté (2) fut supprimée et remplacée par un bailliage, qui, outre ses attributions contentieuses, était chargé de la police de la ville. Alors seulement commencèrent l'ordre et la tenue des

---

(1) Cette maison était devenue considérable; elle était la résidence du Provincial, et comptait, y compris les novices, 25 à 30 individus.

(2) L'établissement des prévôtés, composées d'un prévôt, d'un substitut et d'un greffier, paraît remonter au règne du Duc Mathieu (1138 à 1176) *V. note* A.

registres ; le peu qui en existait ne remonte pas au-delà du 24 novembre 1725. Il paraît qu'alors aussi fut réparé le bâtiment construit sur les ruines et les débris de l'ancien château, pour la tenue des audiences. Ce bâtiment, auquel l'établissement des prisons donne quelque consistance, a été vendu comme domaine dans le courant de l'an 5 (1796), et racheté depuis par la commune. Sa partie supérieure est dans un délabrement auquel il sera difficile de remédier sans des moyens extraordinaires.

Maitrise.

Par lettres patentes du 2 avril 1771, le siége de la maîtrise des eaux et forêts fut transféré de Mirecourt à Darney.

Mairie.

Le 25 juin 1772, la police, détachée des attributions du bailliage, fut attribuée à une municipalité, composée d'un maire royal, de deux échevins, d'un procureur du roi et d'un greffier.

Gouverneur.

La ville reçut, à peu près dans le même temps, un gouverneur, par suite de l'édit de France, de novembre 1733.

Poste.

Le premier établissement d'une poste aux lettres date du 21 décembre 1779; elle arrivait d'abord deux fois la semaine, ensuite trois fois; elle a produit l'an dernier 8000 francs.

Collégiale et Paroisse.

L'on a vu, dans la première partie de cette notice, l'historique du chapitre. La chapelle castrale, devenue collégiale, existait à l'ouest, au-dessous du château; cette petite église, d'architecture sarrasine, dont le portail était flanqué de deux tourelles, a été vendue en 1790, et démolie depuis; elle devenait d'ailleurs inutile, au moyen de la réunion du chapitre à la paroisse, prononcée en 1763, et réalisée par la reconstruction de l'église paroissiale; édifice gothique, dans lequel on descendait d'abord au péristyle, puis du péristyle à la nef, par nombre de degrés, et dont le mauvais état fit ordonner la démolition. L'on avait d'abord eu le projet de construire la nouvelle église entre la collégiale et le château; mais on se détermina pour l'ancien emplacement, en l'avançant sur celui des halles (1), pour l'aligner à la Grande-Rue. L'usage de tourner le chœur au levant a contrarié les règles de l'art et du goût, dans cette nouvelle construction, qui est entièrement revêtue de tailles échantillonnées, et dont l'intérieur est d'une architecture d'ordre ionique, très-

(1) Qui furent reportées où elle se trouvent encore, entre la place du château et la rue de la Porte-d'en-Bas.

soignée. L'édifice est d'un tiers plus étendu que l'ancien. L'exécution en a été confiée au sieur Joseph Marek, appareilleur distingué. Les matériaux ont été extraits d'un coteau voisin, qui en a conservé le nom de jardin de la carrière. Cette entreprise, commencée en 1768, discontinuée en 1771, faute de moyens, et l'on peut dire encore par la mort prématurée de M. Louis Bresson, lieutenant général au bailliage, qui en était l'âme (B), a été reprise le 3 septembre 1787; mais Marek était mort aussi, et l'architecture de la voûte n'a point été coordonnée à celle de l'édifice. La première messe a été célébrée le 27 avril 1789. Une inscription scellée, dit-on, dans le mur, derrière l'autel, à hauteur d'appui, atteste cet évènement, dont on ne trouve point le procès-verbal aux archives de la commune. L'on a construit à la première époque, à côté du portail, une maison presbytérale, de laquelle on communique au clocher et à la tribune.

La boiserie du chœur, destiné aux chanoines, est du sieur Gerdol fils; la chaire, qui est du même sculpteur ainsi que le tableau de la Magdelaine, patrone de la paroisse, copiée sur celle des Carmélites de Paris, par Lebrun, sont une libéralité de l'abbé Bergier (1). (C)

---

(1) L'on doit mentionner aussi que M. le curé Hamart, décédé en 1814, a singulièrement concouru à la restau-

Cimetières.

Le cimetière, placé derrière l'église, à l'exposition pernicieuse du midi, a été interdit ensuite du décret du 11 juin 1804 (23 prairial an 12), et reporté au nord, à l'extrémité de la rue Stanislas ; son emplacement forme un beau carré, clos de murs, de la contenance de 40 ares pris dans l'ancien verger des Récollets, ensuite de vente consentie par le propriétaire.

L'ancien cimetière a été converti en un jardin, dont la majeure partie a été réunie à celui de la maison curiale, et le reste à la maison d'école, nouvellement construite à l'extrémité méridionale du même jardin. La terrasse, qui les sépare de l'église, et qui devait rester ouverte au public, a néanmoins été provisoirement interceptée, comme dépendance du presbytère ; le tout restant, au surplus, la propriété de la commune, qui est toujours libre d'en changer la destination.

Résumé.

De tout ce qui précède, il résulte que la ville de Darnay réunissait un bailliage, une mairie royale, un gouverneur, une brigade de maréchaussée, une maîtrise des eaux et forêts, une officialité, une collégiale composée de quatre

---

ration du culte, ensuite de la loi du 7 avril 1801 (18 germinal an 10).

chanoines seulement, quoique, suivant le titre d'érection, le nombre dût être de neuf; un hospice civil, un bureau de postes et un monastère de Récollets.

La révolution de 1789 a successivement anéanti ces divers établissemens. Le bailliage fut d'abord remplacé par une administration, un tribunal de district, et par une justice de paix, créés par lois des 20 et 24 août 1790, lesquels, supprimés à leur tour, furent remplacés, dès l'an 4 (1795), par une administration cantonnale. Il n'existait, sous ce régime, qu'un tribunal civil par département et un juge de paix par canton. Enfin, l'avènement de Bonaparte au Consulat fut signalé par une refonte totale, de laquelle sortirent les sous-préfectures et les tribunaux d'arrondissemens créés par la loi du 28 pluviôse an 8 (18 février 1810); ce qui réduisit Darnay à la simple qualité de chef-lieu de justice de paix, suivant circonscription du 19 vendémiaire an 10 (10 octobre 1801), et de sous-inspection forestière, créée par la loi du 16 nivôse an 9 (5 janvier 1801), avec une brigade de gendarmerie, dont la caserne est située rue de la Brêche. La cure ressortit à l'évêché de Saint-Dié, rétabli en vertu de l'ordonnance du 31 octobre 1822.

La formation des arrondissemens, qui comprennent la réunion de deux districts, ne présente que des chef-lieux excentriques, dont l'éloignement blesse les intérêts d'un grand nombre de communes. Cet ordre de choses, précipitamment sorti de la révolution du 9 brumaire an 8 (30 octobre 1799), ne peut soutenir l'épreuve du temps. Le vœu général appelle une organisation plus appropriée aux besoins de chaque localité, et Darnay doit tout espérer de l'avenir. Cependant, la perte de ses établissemens n'a pas eu les suites désastreuses que l'on aurait pu craindre. L'industrie et le commerce leur ont succédé avec avantage; les propriétés rurales sont mieux cultivées; des fabriques de couverts en fer étamé, établies depuis environ 20 ans, se sont multipliées avec succès, et n'occupent guère moins de 300 ouvriers, dont les bénéfices journaliers versés dans la circulation stimulent la classe industrieuse. Les foires, au nombre de six par an, et les marchés fixés au vendredi de chaque semaine, sont devenus importans, à tel point que les halles actuelles sont maintenant insuffisantes. L'ouverture d'une route *directe* pour Epinal, dont la nécessité a été reconnue par les diverses administrations qui se sont succédées depuis 1790, ferait de Darnay le point central des relations commerciales de la montagne des Vosges avec le département de la Haute-Marne et partie de celui de la Haute-Saône (1). Ce

(1) M. Boula de Coulombiers, précédent Préfet,

projet, repris en dernier lieu, et faussé par l'influence de quelques intérêts intermédiaires, ne satisfera point les besoins commerciaux, qui adopteront de préférence les belles tranchées de communication qu'une administration (1), digne par cela seul de la reconnaissance du pays, s'empresse d'ouvrir à travers une forêt jusqu'alors impraticable, dans des directions qui ne laisseront plus rien à désirer sous ce rapport.

La population effective de Darnay, qui, en 1790, était de 1080, excède aujourd'hui 1600 âmes; le nombre des feux ou ménages ayant droit aux affouages (2), qui, à la même époque, n'était que de 256, est maintenant de 368; celui des maisons est de 250; celui des sujets à patente est de 120 (3).

---

dans son accusé de réception de ma première notice sur nos routes romaines, témoignait, à cet égard, des dispositions sur l'effet desquelles il était permis de compter.

(1) L'inspection forestière.

(2) Les affouages ne consistent qu'en huit hectares affectés dans la forêt royale, suivant l'arrêt d'aménagement du 23 juin 1767.

(3) Quatre marchands de meules de moulins, 4 boulangers ou fourniers, 3 bouchers, 13 aubergistes ou cabaretiers, 2 marchands de vin en gros, 1 brasseur, 2 cafetiers, 2 marchands de bois en gros, 2 marchands de fer, 2 maréchaux, 1 coutelier, 1 ferblantier, 4 serruriers, 13 fabricans de couverts étamés, 2 charpentiers, 1 charron, 6 menuisiers, 3 marchands de draps, 5 merciers ou

La commune ne possède d'autre bien productif que ses halles (dont le dernier bail porte le revenu à 1,460 fr.), et son octroi relaissé à 2,760 fr. Les centimes additionnels qui lui sont en outre accordés sur toutes les contributions directes s'élèvent à 248 fr. Ainsi, la totalité de ses revenus n'excède pas 4,488 fr.

Les contributions directes, en principal seulement, s'élèvent, pour 1827, SAVOIR :

La foncière à.............	1,635f	4,165f
La personnelle et mobilière à.	586	
Les portes et fenêtres à.....	569	
Les patentes à.............	1,375	

---

quincailliers, 3 tailleurs d'habits, 3 couturières, 5 tisserands, 2 chapeliers, 2 perruquiers ou barbiers, 8 maçons ou tailleurs de pierres, 2 entrepreneurs, 7 cordonniers, 5 voituriers, 2 huiliers, 3 tanneurs, 2 bourreliers ou selliers, 2 horlogers, 3 médecins ou chirurgiens.

NOTES ET RENVOIS DE L'APPENDICE.

A, *page* 40. — Suivant le dernier terrier dressé par M. de Rennel, conseiller secrétaire de S. A., le 7 juin 1613, l'ancienne prévôté de Darnay ne comprenait que les villages de son domaine, savoir : Darnay, les Vallois, Jésonville, Dommartin, Senonges, Dombasle, Bonvillet, Belrupt et Attigny ; les Granges et Verreries de la forêt ont formé depuis les deux nouvelles communes de Hennezel et de Claudon.

Darnay avait quatre foires ; le droit de hallage était d'un imal par trois resaux de grain ($\frac{1}{24}$). L'on percevait deux deniers sur le débit, par aune d'étoffe ; le droit de poids appartenait exclusivement au domaine, pour tout ce qui pesait un quintal et plus ; aucun habitant ne pouvait tenir à domicile plus de 25 livres, poids de marc.

L'on ne dira rien de certains droits féodaux établis dans ce canton, comme dans le reste de la province. L'on remarque seulement que les droits du Souverain avaient été imprudemment mutilés par des concessions de fiefs et des établissemens religieux, avec partage de juridiction que nos Princes ont racheté depuis, pour l'exercer avec plus de modération et d'uniformité. L'on voit, au reste, que dans le 13.e siècle (1), ils ont favorisé l'introduction de la loi de Beaumont, qui n'a pu tenir contre les tyrannies locales, et l'on doit regarder comme une singularité qu'elle existât encore en 1613, en même temps que la main-morte, au village de Senonges, dont les habitans élisaient chaque année, à la pluralité des voix, leurs échevins et le maïeur, lequel était conduit de suite à l'église pour prêter

---

(1) Calmet, tome 2, page 314. Preuves à l'année 1182.

serment sur le grand-autel. Il avait le droit, dit la reconnaissance, de faire saisir, conduire et livrer au prévôt de Darnay les commis qui lui paraissaient répréhensibles.

B, *page* 43. — Cet illustre magistrat (M. Louis Bresson), qui ne connaissait aucun obstacle dans les entreprises utiles et patriotiques, avait déjà su fixer, au moyen du culte, une population nomade de plus de 800 individus (aujourd'hui 2,500) dans la forêt de Darnay, à la suite d'une longue négociation ouverte et terminée par son intervention, en 1763, entre l'évêché de Toul et l'archevêché de Besançon, touchant le partage de la nouvelle juridiction. Une église et un presbytère furent en conséquence construits dans chacun des hameaux d'Hennezel et de Claudon; œuvre philantropique, à laquelle le Roi Stanislas voulut contribuer.

Plus tard, la ville de Darnay, sans autre ressource, pour la construction de son église, que le faible produit de ses affouages, en avait consenti l'abandon pendant nombre d'années; mais la maîtrise résistait si obstinément à cette mesure, que la difficulté fut portée au conseil de Lunéville, puis à celui de Versailles, et décidée dans l'intérêt de la ville. Ce succès fut évidemment dû au crédit et à la haute capacité de notre premier magistrat, qui peu après obtint la translation de cette même maîtrise à Darnay, dans l'intérêt des habitans et de la vaste forêt qui porte son nom.

Des services si importans et plusieurs autres, vivement sentis, firent décerner à M. Bresson les honneurs inusités de l'inhumation dans le caveau exclusivement destiné aux chanoines, sous la sacristie de la nouvelle église.

Il est remarquable que, sorti d'une famille noble, M. Bresson négligea de prendre ou de conserver cette particule distinctive, au relief de laquelle d'autres mettent une certaine importance. L'on peut au reste recourir, pour ce qui concerne sa famille, à l'ouvrage de Durival (t. 2.e, p. 374). L'on y voit qu'il a laissé quatre fils. Le plus jeune, curé et aumônier du Roi à Meudon, décédé à Sèvres en 1825, a laissé à l'hospice de Darnay plusieurs dons mobiliers, et à l'église paroissiale des ornemens, ouvrages précieux des Duchesses de Béthune et de Cadore, mais spécialement un nécessaire complet en vermeil, d'un travail exquis. Ses trois autres frères existent encore. Cependant le nom de l'un d'eux appartient déjà à l'histoire d'une époque sanglante : Jean-Baptiste-François-Marie Bresson, député des Vosges à la convention nationale, en 1792, était destiné à figurer au procès du vertueux et trop infortuné Roi Louis XVI ; l'on connaissait à notre député des mœurs douces, une plume légère et gracieuse ; mais l'on savait aussi qu'il était étranger au talent de la tribune, et ce ne fut pas sans admiration que nous le vîmes gravir cette nouvelle roche tarpéienne, du haut de laquelle il prononça ce vote expansif d'une âme alors bien courageuse, dont le texte se trouve consigné à la page 104 de la 5.e feuille du n.o 20 du moniteur du 20 janvier 1793 ; monument plus durable que le marbre, et le plus honorable qu'il ait pu laisser à sa famille et à son pays. Cependant il ne se dissimulait pas qu'il appelait ainsi sur sa propre tête un arrêt de proscription (1), à laquelle il ne put se soustraire que par une sorte de miracle.

C, *page* 43. — Nicolas-Sylvestre Bergier, né à Darnay, le 31 décembre 1718, décédé à Paris le 9 avril 1790, a laissé une réputation européenne. De simple curé de campagne, il était devenu principal du collége

(1) Prononcé, lui présent, à la séance du 3 octobre suivant.

de Besançon, chanoine de l'église de Paris, confesseur de Mesdames de France, tantes de Louis XVI. Chacune des années de sa vie fut couronnée par quelques succès académiques, ou par des ouvrages détachés, qui sont devenus les matériaux de son *Traité historique et dogmatique de la vraie religion*, en 12 vol. in-12, imprimé à Paris, en 1780; il est aussi l'auteur du *Dictionnaire Théologique* de l'Encyclopédie méthodique, en 3 vol. in-4.°, et d'un ouvrage posthume, intitulé le *Tableau de la Miséricorde Divine*, imprimé à Besançon, en 1821; précédé d'une notice biographique à laquelle il faut recourir, pour connaître tous ses titres à l'estime publique, autant qu'à la célébrité.

Son frère le jeune, Claude-François Bergier, également né à Darnay, avocat à Paris, philosophe aimable, auteur de plusieurs ouvrages de circonstances et d'un *Essai sur l'histoire de la société civile*, traduit de l'anglais de Ferguson, 2 vol. in-18, imprimé à Paris en 1783, a été prématurément enlevé à ses nombreux amis et aux lettres, lors d'un voyage à Darnay en 1784.

Nota. J'aurois pu faire mention de plusieurs autres personnes distinguées, soit par leurs vertus privées et publiques, soit par les grades et emplois qu'elles ont obtenus; mais cette notice n'est point une biographie, et si quelques noms s'y trouvent, c'est qu'ils se rattachent à des actes d'une utilité durable ou à d'illustres travaux, qui seuls doivent trouver place dans un précis uniquement destiné à fonder une tradition qui puisse servir de point de départ à la génération qui nous succède. Ici bas tout est relatif : les changemens arrivés dans une petite ville, indifférens au reste du monde, ne peuvent être sans intérêt pour les administrateurs municipaux, qui souvent agiraient avec plus de rectitude, s'ils avaient la connaissance des antécédens.

FIN.

www.ingramcontent.com/pod-product-compliance
Ingram Content Group UK Ltd.
Pitfield, Milton Keynes, MK11 3LW, UK
UKHW012107240726
13965UKWH00004B/1619